唐诗田字格字帖一

（带笔画和拼音）

Tang Poetry Tian Zi Ge Copybook 1

With Stroke Order and Pinying

Editorial Comte Barcelona

巴塞罗那伯爵出版社

唐诗田字格字帖一（带笔画和拼音）
Tang Poetry Tian Zi Ge Copybook 1 with stroke order and pinying

© Editorial Comte Barcelona
OPOSBOX SL
C/Rodrigo Caro 73, 08914 Barcelona(España)
https://comtebarcelona.com
Primera edición: Mayo de 2023
ISBN: 978-84-127319-0-3 (Paperback)

目录

行宫

元稹

寥落古行宫，宫花寂寞红。

白头宫女在，闲坐说玄宗。

简介：《行宫》是唐代诗人元稹的诗作。此诗写冷落寂寥的古行宫中红花盛开，寂寞无聊的白头宫女在谈论过去唐玄宗的故事，表现了唐玄宗昏庸误国的事实，抒发了兴亡盛衰之感。

鹿柴

王维

空山不见人，但闻人语响。

返景入深林，复照青苔上。

简介：《鹿柴》是唐代诗人王维创作的一首五言绝句，收录于《辋川集》中，这首诗写一座人迹罕至的空山，一片古木参天的树林，意在创造一个空寂幽深的境界。

杂诗

王维

君自故乡来，应知故乡事。

来日绮窗前，寒梅著花未？

简介：《杂诗》是唐代诗人王维创作的组诗作品之一。这是拟江南乐府民歌风格所作的一组抒写男女别后相思之情的五言绝句，该诗描写游子思念家人，向故乡来人询问家中情形的话。

新嫁娘词

王建

三日入厨下，洗手作羹汤。

未谙姑食性，先遣小姑尝。

简介：本诗描写了新妇出嫁第三天，进厨房煮饭烧菜的情景。若以新妇代指初入仕途者，刻画出戒慎小心、处处曲意奉承之貌，也极巧妙。

相思

王维

红豆生南国，春来发几枝。

愿君多采撷，此物最相思。

简介：这首诗是王维所作爱情诗的代表。该诗由物感怀，借助红豆鲜艳色彩和有关的动人传说，以含蓄深沉而清新流畅的语言，传达浓烈的相思之情，十分感人。

送别

王维

山中相送罢，日暮掩柴扉。

春草明年绿，王孙归不归？

简介：这是首送友人归隐的诗，采用问答的方式从友人口中说出归隐的原因，表达了对友人的依依不舍之情，题材非常普遍，构思却独具匠心，极有特色。

问刘十九

白居易

绿蚁新醅酒，红泥小火炉。

晚来天欲雪，能饮一杯无？

简介：此诗描写诗人在一个风雪飘飞的傍晚邀请朋友前来喝酒，共叙衷肠的情景。诗以如叙家常的语气，朴素亲切的语言，通过写对把酒共饮的渴望，体现了朋友间诚恳亲密的关系。

登鹳雀楼

王之涣

白日依山尽，黄河入海流。

欲穷千里目，更上一层楼。

简介：此诗描绘了北国河山的磅礴气势和壮丽景象，气势磅礴、意境深远，千百年来一直激励着中华民族昂扬向上。特别是后二句，常常被引用，借以表达积极探索和无限进取的人生态度。

竹里馆

王维

独坐幽篁里，弹琴复长啸。

深林人不知，明月来相照。

简介：此诗写隐者的闲适生活以及情趣，描绘了诗人月下独坐、弹琴长啸的悠闲生活，遣词造句简朴清丽，传达出诗人宁静、淡泊的心情，表现了清幽宁静、高雅绝俗的境界。

听筝

李端

鸣筝金粟柱，素手玉房前。

欲得周郎顾，时时误拂弦。

简介：该诗描写一位弹筝女子为了所爱慕的人顾盼自己，故意将弦拨错。这首小诗轻捷洒脱，寥寥数语，就在读者面前展示了一幅一个可爱的弹筝女形象，语句传神，意蕴丰富。

行 xíng ノ ク 彳 彳 仁 行

宫 gōng 丶 丷 宀 宀 宁 宫 宫 宫

元 yuán 一 二 亍 元

稹 zhěn ノ 二 千 禾 禾 禾 秒 秒 稆 稆 稹 稹 稹 稹

寥 liáo 丶 丷 宀 宀 宀 宓 宓 宓 宓 宨 窭 寥 寥

落 luò 一 艹 艹 艹 艹 艹 艼 茫 茨 落 落

古 gǔ 一 十 十 古 古

行 xíng ノ ク 彳 彳 仁 行

宫 gōng 丶 丷 宀 宀 宁 宫 宫 宫

宫 gōng 丶丶宀宀宀宫宫宫宫

花 huā 一十艹艹艻花花

寂 jì 丶丶宀宀宀宇宇宋宋宋寂

寞 mò 丶丶宀宀宀宀宂宇宇宐寞寞

红 hóng 乙乡乡纟红红红

白 bái 丿丿白白白

头 tóu 丶丶三头头

宫 gōng 丶丶宀宀宀宫宫宫宫

女 nǚ 乂女女

在 zài 一ナオ左在在

闲 xián 丶丨门门闩闲闲

坐 zuò 丿人丬从丛坐坐

说 shuō 丶讠讠讠讠讠说说

玄 xuán 丶亠玄玄玄

宗 zōng 丶丷宀宇宇宗宗

鹿 lù 丶 亠 广 广 户 户 庐 庐 庐 鹿 鹿 鹿

鹿 鹿 鹿 鹿

柴 chái 丨 卜 卜 止 止 此 些 些 柴 柴

柴 柴 柴 柴

王 wáng 一 二 干 王

王 王 王 王

维 wéi 乙 乡 乡 乡 纟 纩 纩 纩 维 维 维 维

维 维 维 维

空 kōng 丶 丷 宀 宀 灾 空 空 空

空 空 空 空

山 shān 丨 山 山

山 山 山 山

不 bú 一 ア 才 不

不 不 不 不

见 jiàn 丨 冂 贝 见

见 见 见 见

人 rén 丿 人

人 人 人 人

但 dàn ノ亻亻佢但但但

闻 wén `丨门门门闻闻闻闻

人 rén ノ人

语 yǔ `讠讠讠讴语语语语

响 xiǎng `丨口口′叽呐呐响响

返 fǎn ´厂厅反返返返

景 jǐng `丨冂日日旦早昙昙景景景

入 rù ノ入

深 shēn `丶氵氵汀汀汀汧深深深

林 lín 一十才才术村材林
林 林 林 林

复 fù ノ 一 卞 午 午 百 戸 复 复
复 复 复 复

照 zhào 丨 冂 日 日 盯 盯 盯 照 照 照 照 照 照
照 照 照 照

青 qīng 一 二 キ 主 丰 青 青 青
青 青 青 青

苔 tái 一 十 艹 艹 丗 芦 苔 苔
苔 苔 苔 苔

上 shàng 丨 卜 上
上 上 上 上

杂 zá ノ九杂杂杂杂

诗 shī 丶讠计计详详诗诗

王 wáng 一二干王

维 wéi ㄥㄠ纟纟纠纠纠维维维维

君 jūn 一ヲョヲ尹君君

自 zì ノ亻自自自自

故 gù 一十十古古古故故故

乡 xiāng 乞乡乡

来 lái 一厂ㄈ回平来来

应 yīng 丶亠广广广应应
应

知 zhī 丿𠂊𠂉矢知知知
知

故 gù 一十十古古古故故
故

乡 xiāng 乙纟乡
乡

事 shì 一丆丙丏耳写事事
事

来 lái 一丷丆口平来来
来

日 rì 丨冂月日
日

绮 qǐ 乙纟纟纟纩纩纩绮绮绮
绮

窗 chuāng 丶丷广宀宀宵宵窗窗窗
窗

前 qián 丶 丷 丷 广 疒 肖 肖 前 前

前 前 前 前

寒 hán 丶 丷 宀 宀 宀 宊 宲 寒 寒 寒 寒

寒 寒 寒 寒

梅 méi 一 十 才 木 术 柠 杧 梅 梅 梅 梅

梅 梅 梅 梅

著 zhe 一 丷 艹 艹 艹 芏 茅 荖 著 著

著 著 著 著

花 huā 一 十 艹 艹 艿 花 花

花 花 花 花

未 wèi 一 二 十 丰 未

未 未 未 未

新 xīn ` ⺊ ⺊ 立 立 辛 辛 辛 亲 新 新 新
新

嫁 jià ⺈ 女 女 女' 女' 妒 妒 妒 娇 嫁 嫁 嫁
嫁

娘 niáng ⺈ 女 女 女' 女' 如 妇 娘 娘 娘
娘

词 cí ` ⺊ 讠 订 订 词 词 词
词

王 wáng 一 二 干 王
王

建 jiàn ⺈ ⺈ ⺈ 彐 彐 聿 建 建
建

三 sān 一 二 三
三

日 rì ㇑ ㇆ 日 日
日

入 rù ノ 入
入

厨 chú 一 厂 厂 厂 戸 戸 戸 厨 厨 厨 厨

下 xià 一 丁 下

洗 xǐ 丶 丶 氵 氵 汇 泸 泄 洗 洗

手 shǒu 一 二 三 手

作 zuò 丿 亻 亻 仁 竹 作 作

羹 gēng 丶 丷 꿏 꿏 꿏 꿏 꿏 羔 羔 羔 羔 羔 羔 羹 羹 羹 羹

汤 tāng 丶 丶 氵 沟 汤 汤

未 wèi 一 二 十 才 未

谙 ān 丶 讠 讠 讠 讠 讠 讠 谙 谙 谙

姑 gū ㄑ 夂 女 女 妕 姑 姑 姑

| 姑 | 姑 | 姑 | 姑 | | | | | | | | | |

食 shí ノ 人 入 今 今 含 食 食 食

| 食 | 食 | 食 | 食 | | | | | | | | | |

性 xìng 丶 丷 忄 忄 忄 忄 性 性

| 性 | 性 | 性 | 性 | | | | | | | | | |

先 xiān 丿 ㄧ 屮 生 生 先

| 先 | 先 | 先 | 先 | | | | | | | | | |

遣 qiǎn 丶 一 口 口 中 虫 串 串 串 貴 書 書 遣 遣

| 遣 | 遣 | 遣 | 遣 | | | | | | | | | |

小 xiǎo 亅 小 小

| 小 | 小 | 小 | 小 | | | | | | | | | |

姑 gū ㄑ 夂 女 女 妕 妕 姑 姑

| 姑 | 姑 | 姑 | 姑 | | | | | | | | | |

尝 cháng 丶 丨 ⺌ ⺌ 쓰 쓰 尝 尝 尝

| 尝 | 尝 | 尝 | 尝 | | | | | | | | | |

| | | | | | | | | | | | | |

相 xiāng 一 十 才 木 札 机 相 相 相

| 相 | 相 | 相 | 相 | | | | | | | | | |

思 sī 丶 口 曰 田 田 思 思 思

| 思 | 思 | 思 | 思 | | | | | | | | | |

王 wáng 一 二 干 王

| 王 | 王 | 王 | 王 | | | | | | | | | |

维 wéi 乚 纟 纟 纟 纱 纱 纱 纬 纬 维 维

| 维 | 维 | 维 | 维 | | | | | | | | | |

红 hóng 乚 纟 纟 纟 红 红 红

| 红 | 红 | 红 | 红 | | | | | | | | | |

豆 dòu 一 丆 百 百 豆 豆 豆

| 豆 | 豆 | 豆 | 豆 | | | | | | | | | |

生 shēng 丿 仁 仁 生 生

| 生 | 生 | 生 | 生 | | | | | | | | | |

南 nán 一 十 十 冉 冉 南 南 南 南

| 南 | 南 | 南 | 南 | | | | | | | | | |

国 guó 丨 冂 冂 同 同 国 国 国

| 国 | 国 | 国 | 国 | | | | | | | | | |

春 chūn 一 二 三 声 夫 未 春 春 春

来 lái 一 ㄜ 口 平 来 来

发 fā 一 少 步 发 发

几 jǐ ノ 几

枝 zhī 一 十 才 木 村 村 枝 枝

愿 yuàn 一 厂 厂 厂 所 所 所 原 原 原 原 愿 愿 愿

君 jūn ㄱ ㄱ ㄱ 尹 尹 君 君

多 duō ノ ク タ タ 多 多

采 cǎi 一 ㄑ ㄣ ㄣ 丷 丷 平 采 采

撷 xié 一 亅 扌 扩 扩 护 拮 搄 拮 捅 揗 撷 撷 撷

撷 撷 撷 撷

此 cǐ 丨 卜 止 此 此 此

此 此 此 此

物 wù 丿 𠂉 牛 牛 牜 物 物 物

物 物 物 物

最 zuì 丶 冂 冂 曰 早 早 昌 昌 昌 昌 最 最

最 最 最 最

相 xiāng 一 十 才 木 机 相 相 相 相

相 相 相 相

思 sī 丶 冂 冂 田 田 田 思 思 思

思 思 思 思

送 sòng 、丷丷兰关关关送送

| 送 | 送 | 送 | 送 | | | | | | | | |

别 bié 、口口号另别别

| 别 | 别 | 别 | 别 | | | | | | | | |

王 wáng 一二干王

| 王 | 王 | 王 | 王 | | | | | | | | |

维 wéi 乙乡乡乡纟纠纠纠纤维维维

| 维 | 维 | 维 | 维 | | | | | | | | |

山 shān 丨山山

| 山 | 山 | 山 | 山 | | | | | | | | |

中 zhōng 、口口中

| 中 | 中 | 中 | 中 | | | | | | | | |

相 xiāng 一十才木朾相相相相

| 相 | 相 | 相 | 相 | | | | | | | | |

送 sòng 、丷丷兰关关关送送

| 送 | 送 | 送 | 送 | | | | | | | | |

罢 bà 、口口罒罒罒罒罘罢罢

| 罢 | 罢 | 罢 | 罢 | | | | | | | | |

日　rì　丨冂月日

日

暮　mù　一十卝卝芦芦芦莒草莫莫幕幕暮

暮

掩　yǎn　一扌扌扩扴扵掊掊掩

掩

柴　chái　丨卜忄止此此些毕柴柴

柴

扉　fēi　丶㇂尸尸尸尸肩肩扉扉扉

扉

春　chūn　一二三夫夫表春春春

春

草　cǎo　一十卝艹艻苩苩莒草

草

明　míng　丨冂日日明明明明

明

年　nián　丿𠂉𠂉年年年

年

绿 lǜ ㇀ ㇀ 纟 纩 纩 纪 纾 纾 绿 绿

| 绿 | 绿 | 绿 | 绿 | | | | | | | | | |

王 wáng 一 二 干 王

| 王 | 王 | 王 | 王 | | | | | | | | | |

孙 sūn ㇇ 了 子 孖 孙 孙

| 孙 | 孙 | 孙 | 孙 | | | | | | | | | |

归 guī 丨 丬 归 归 归

| 归 | 归 | 归 | 归 | | | | | | | | | |

不 bù 一 丆 丆 不

| 不 | 不 | 不 | 不 | | | | | | | | | |

归 guī 丨 丬 归 归 归

| 归 | 归 | 归 | 归 | | | | | | | | | |

问 wèn　丶丨门门问问
问

刘 liú　丶亠ﾁ文刘刘
刘

十 shí　一十
十

九 jiǔ　ノ九
九

白 bái　丿丨白白白
白

居 jū　乛乛尸尸屏屏居居
居

易 yì　丨冂日日月易易
易

绿 lǜ　乙幺幺纟纟纩纩绿绿绿
绿

蚁 yǐ　丶口口中虫虫虫蚁蚁
蚁

新 xīn 、 ㇒ 亠 ㇒ 立 立 辛 辛 亲 亲 新 新 新

新 新 新 新

醅 pēi 一 厂 厂 万 两 两 酉 酉 酉 酉 酉 酉 酉 醅 醅

醅 醅 醅 醅

酒 jiǔ 、 、 氵 氵 汀 沅 沅 洒 酒 酒

酒 酒 酒 酒

红 hóng ㇒ ㇒ 纟 纟 红 红 红

红 红 红 红

泥 ní 、 、 氵 氵 汃 沪 沪 泥

泥 泥 泥 泥

小 xiǎo ㇚ 小 小

小 小 小 小

火 huǒ 、 、 少 火

火 火 火 火

炉 lú 、 、 ㇒ 少 火 火 炉 炉 炉

炉 炉 炉 炉

晚 wǎn 丨 冂 日 日 日 旷 旷 晚 晚 晚 晚

晚 晚 晚 晚

来　lái　一ㄧㄇㄩ平来来
| 来 | 来 | 来 | 来 | | | | | | | | | |

天　tiān　一二于天
| 天 | 天 | 天 | 天 | | | | | | | | | |

欲　yù　ノ八夕夕今谷谷谷欲欲欲
| 欲 | 欲 | 欲 | 欲 | | | | | | | | | |

雪　xuě　一ㄷㄷ干干干雪雪雪雪雪
| 雪 | 雪 | 雪 | 雪 | | | | | | | | | |

能　néng　ㄥㄙㄅ台台台台能能能
| 能 | 能 | 能 | 能 | | | | | | | | | |

饮　yǐn　ノ勺勺勺饮饮饮
| 饮 | 饮 | 饮 | 饮 | | | | | | | | | |

一　yī　一
| 一 | | | | | | | | | | | | |

杯　bēi　一十才木木术杯杯
| 杯 | 杯 | 杯 | 杯 | | | | | | | | | |

无　wú　一二于无
| 无 | 无 | 无 | 无 | | | | | | | | | |

登 dēng ﹁ ﹁ ﹁ ﹁ ﹁ ﹁ ﹁ 癶 癶 癶 登 登 登

鹳 guàn 一 一 ⺿ ⺿ ⺿ ⺿ ⺿ 苩 萨 萨 萨 萨 藋 藋 藋 藋 鹳 鹳 鹳 鹳

雀 què ﹁ ﹁ 小 少 少 少 雀 雀 雀 雀 雀

楼 lóu 一 十 才 木 术 杉 杉 松 桄 桄 楼 楼 楼

王 wáng 一 二 干 王

之 zhī 丶 亠 之

涣 huàn 丶 丶 氵 氵 沪 沪 沪 涣 涣

白 bái 丿 亻 白 白 白

日 rì 丨 冂 日 日

依 yī ノイイヤヤ化化依依
依

山 shān 丨山山
山

尽 jǐn フコアア尽尽尽
尽

黄 huáng 一十廿廿芒芒芒苗黄黄黄
黄

河 hé 丶丶氵汀汀汀河
河

入 rù ノ入
入

海 hǎi 丶丶氵氵浐海海海海海
海

流 liú 丶丶氵汸浐浐浐流
流

欲 yù ノハハグ父父谷谷谷欲欲欲
欲

穷 qióng 、丶宀宀灾灾穷穷
穷 穷 穷 穷

千 qiān 一二千
千 千 千 千

里 lǐ 丨冂 丨冂冂日日甲里里
里 里 里 里

目 mù 丨冂月月目
目 目 目 目

更 gèng 一 丆 币 币 両 更 更
更 更 更 更

上 shàng 丨卜上
上 上 上 上

一 yī 一
一 一 一 一

层 céng 一 コ 尸 尸 层 层 层
层 层 层 层

楼 lóu 一十才木 术 村 村 栌 栌 楼 楼 楼
楼 楼 楼 楼

竹 zhú ノ ト ヒ 竹 竹 竹

竹

里 lǐ 丨 口 日 日 甲 甲 里

里

馆 guǎn ノ ㇏ 饣 饣 饣 馆 馆 馆 馆 馆 馆

馆

王 wáng 一 二 千 王

王

维 wéi 纟 纟 纟 纟 纟 纟 纩 维 维 维 维

维

独 dú ノ 犭 犭 犭 独 独 独 独

独

坐 zuò ノ 人 人 从 丛 坐 坐

坐

幽 yōu 丨 丩 丩 丩 幽 幽 幽 幽 幽

幽

篁 huáng ノ ト ト 灬 竹 竹 竹 竹 竹 箕 篁 篁 篁 篁

篁

里 lǐ 丶 口 曰 日 甲 里 里

里

弹 tán 丶 ㇆ 弓 弓 弓 弹 弹 弹 弹

弹

琴 qín 一 二 三 王 王 玨 珏 珡 珡 琴 琴 琴

琴

复 fù 丿 广 仁 午 午 自 复 复 复

复

长 cháng 丿 一 长 长

长

啸 xiào 丨 口 口 叮 吁 咁 咁 咁 啸 啸 啸

啸

深 shēn 丶 丶 氵 氵 氵 浐 浐 浐 深 深 深

深

林 lín 一 十 才 木 村 村 材 林

林

人 rén 丿 人

人

不 bù 一ブオ不
不 不 不 不

知 zhī ノ 广 厂 午 矢 矢 知 知
知 知 知 知

明 míng 丨 冂 日 日 旷 明 明 明
明 明 明 明

月 yuè ノ 几 月 月
月 月 月 月

来 lái 一 厂 厂 卫 平 来 来
来 来 来 来

相 xiāng 一 十 才 木 利 机 相 相 相
相 相 相 相

照 zhào 丨 冂 月 日 旷 明 明 昭 昭 照 照 照 照
照 照 照 照

听 tīng ヽ 丷 口 叮 听 听 听

听

筝 zhēng ノ 亻 ⺮ 竻 竺 笁 笁 筝 筝 筝 筝

筝

李 lǐ 一 十 才 木 本 李 李

李

端 duān ヽ 亠 ㇇ 立 立 立 立 立 立 端 端 端

端

鸣 míng ヽ 丨 口 叩 叩 鸣 鸣

鸣

筝 zhēng ノ 亻 ⺮ 竻 竺 笁 笁 筝 筝 筝 筝

筝

金 jīn ノ 人 𠆢 合 全 余 余 金

金

粟 sù 一 ㇒ 㔾 丙 丙 西 西 西 覀 粟 粟 粟

粟

柱 zhù 一 十 才 木 朼 柞 柞 柱 柱

柱

素 sù 一 一 ＝ 丰 主 丰 耒 耒 素 素 素

手 shǒu 一 ＝ 三 手

玉 yù 一 ＝ 干 王 玉

房 fáng 丶 亠 亠 户 户 户 房 房

前 qián 丶 丷 丷 广 广 前 前 前 前

欲 yù 丿 八 夕 夕 夕 谷 谷 谷 谷 欲 欲 欲

得 de 丿 夕 彳 彳 彳 彳 得 得 得 得 得

周 zhōu 丿 冂 月 用 用 用 周 周

郎 láng 丶 丬 彐 彐 良 良 郎 郎

顾 gù ` 厂 厂 厅 肟 肟 顺 顾 顾

顾

时 shí 丨 冂 日 日 旷 时 时

时

时 shí 丨 冂 日 日 旷 时 时

时

误 wù ` 讠 讠 讵 讵 误 误 误

误

拂 fú 一 十 扌 扩 护 拐 拂 拂

拂

弦 xián ` ` 弓 弓 弦 弦 弦 弦

弦

www.ingramcontent.com/pod-product-compliance
Lightning Source LLC
Chambersburg PA
CBHW071257130726
47998CB00003B/1224